D1669322

LA CUISINE DES 7 PÉCHÉS

COLÈRE

RECETTES ÉPICÉES
DE MARIE-CLAIRE FRÉDÉRIC

PHOTOGRAPHIES
DE PHILIPPE VAURÈS SANTAMARIA
STYLISME DE JOHN BENTHAM

SOMMAIRE

es recettes de la colère sont hautes en couleur. Les petites colères débutantes, vaguement aigrelettes, s'assaisonnent simplement de vinaigre ou de jus d'agrumes, de moutarde et de poivre.

On les trouve dans les sauces accompagnant des fruits ou des légumes, qui, d'habitude, ne sont que douceur. Un yaourt, un peu de citron, et voilà une sauce qui a de l'humeur !
Il en faut peu à certains poissons pour prendre l'air furibond : une recette classique de la cuisine française a prévu de les tordre et de leur faire montrer les dents.

Comment rendre une viande un peu plus chahuteuse ? Ajoutons quelques câpres, des cornichons, ou badigeonnons-la de moutarde et elle saura aussitôt montrer son caractère.

Mais la grande, la belle, la vraie colère ne peut pas se passer du piment, le fruit écarlate et brûlant.

Les piments n'ont pas tous la même force, qui se calcule d'après l'échelle de Scoville. Le poivron en compte zéro unité, le paprika 100, le piment d'Espelette 1 500, le Tabasco 5 000 et le piment de Cayenne 50 000. Le piment le plus piquant du monde, produit en Inde, compte… un million d'unités Scoville ! Si, par hasard, vous en trouvez, ajoutez-le à dose homéopathique. Sauf si vous êtes vraiment très en colère…

Que faire pour adoucir le feu des piments ? Le verre d'eau n'aura que peu d'efficacité, car le principe actif n'est pas soluble dans l'eau, mais dans la matière grasse. Buvez donc du lait nature ou fermenté, du yaourt liquide, mangez un morceau de fromage ou une crème glacée en dessert. Ce n'est pas un hasard si, dans les pays où le piment est consommé depuis l'enfance, on boit du lait fermenté ou du yaourt liquide pendant les repas.

Vous pensiez retrouver un peu de calme et de gentillesse avec les desserts ? Eh bien non, ils ne sont pas privés de fureur et savent aussi goûter au piment et aux épices. On se cassera rageusement le museau avec des gâteaux aux amandes, on renversera hargneusement la crème et la tarte Tatin, et on rendra odieusement ivre un délicieux gâteau parfumé au vin et aux épices…

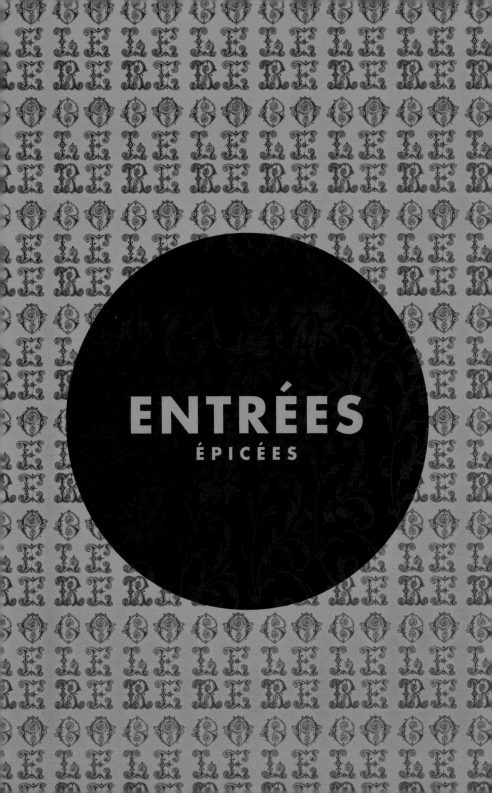

ENTRÉES
ÉPICÉES

PAPAYE FARCIE AUX PINCES DE CRABE, SAUCE AIGRELETTE

Pour 4 personnes ⏱🍴 20 min

1 pince à fruits de mer
1 économe
1 bol

500 g de pinces de crabe cuites,
fraîches ou surgelées
2 papayes
2 avocats
1 citron
2 carottes nouvelles

1 petite courgette
1 branche de céleri
1/2 poivron rouge
2 yaourts à la grecque
100 g de crème épaisse
8 feuilles de menthe
1 brin de coriandre fraîche
2 cuil. à soupe d'huile d'olive
Sel & poivre du moulin

012

Décortiquez les pinces de crabe. Coupez les papayes dans la longueur et retirez les pépins avec une petite cuillère. Dénoyautez et pelez les avocats. Détaillez la chair en lamelles et arrosez-les aussitôt du jus d'un demi-citron.

Avec l'économe, émincez les carottes épluchées et la courgette pour faire des rubans. Effilez le céleri, coupez-le en tronçons de 10 cm, émincez-le en bâtonnets dans la longueur. Détaillez la chair du poivron en fines lanières.

Préparez la sauce : ciselez finement les herbes. Mélangez-les avec le yaourt, la crème et l'huile d'olive. Ajoutez le jus du demi-citron restant, salez et poivrez.

Dans les demi-papayes, versez quelques cuillerées de sauce. Dressez par-dessus les pinces de crabe et rangez joliment les rubans de légumes. Présentez le reste de sauce à part dans un petit bol.

FÉROCE D'AVOCAT

Pour 4 personnes ⏲️🍴 20 min   ⏲️🔥 10 min + 24 h de dessalage

1 grand récipient
1 gril
1 bol
Papier absorbant

200 g de morue salée et séchée
1 oignon
2 ciboules, ou à défaut
des oignons nouveaux
2 gousses d'ail

2 avocats
2 cuil. à soupe d'huile
de tournesol
1 cuil. à soupe de vinaigre
de vin rouge
100 g de farine de manioc
1 pointe de couteau de piment
de Cayenne
1 pincée de bois d'inde ou de
poivre de Jamaïque (facultatif)

Rincez bien la morue sous l'eau fraîche puis mettez-la, la peau vers le haut, dans un grand récipient rempli d'eau, pour la dessaler pendant 24 h. Changez plusieurs fois l'eau de trempage.

Le lendemain, épongez la morue dans du papier absorbant et faites-la griller soit sous le gril du four, soit sur les braises d'un barbecue. Émiettez finement la chair entre vos doigts, en éliminant la peau et les arêtes.

Épluchez et émincez finement l'oignon, ciselez la ciboule et hachez l'ail. Ouvrez les avocats en deux, dénoyautez-les et prélevez la chair avec une cuillère. Écrasez-la avec une fourchette. Mélangez-la à la farine de manioc. Ajoutez la morue, puis les aromates, sans oublier le piment. Goûtez et dosez à votre préférence.

Replacez la préparation dans les écorces des avocats. Servez avec des galettes de maïs ou des bâtonnets de légumes crus.

SOUPE PIQUANTE DE CREVETTES AUX LITCHIS

Pour 4 personnes ⏱🍴 20 min 🕐✋ 20 min

1 bol
1 casserole

20 g de champignons noirs
déshydratés
20 g de gingembre frais
1 bulbe de citronnelle
1 petit piment rouge

1 bouillon cube de poule
1 cuil. à soupe de nuoc-mâm
16 litchis frais
4 ciboules chinoises
ou des oignons nouveaux
16 grosses crevettes crues
1,2 l d'eau

Réhydratez les champignons dans de l'eau bien chaude. Épluchez le gingembre et détaillez-le en fins bâtonnets. Retirez la partie dure du bulbe de la citronnelle, émincez-le. Émincez le piment en fines rouelles. Éliminez les graines qui sont très piquantes.

Faites dissoudre le bouillon cube dans un litre d'eau bouillante. Ajoutez le gingembre, la citronnelle, le piment et le nuoc-mâm. Couvrez et laissez mijoter 15 min.

Pendant ce temps, pelez et dénoyautez les litchis. Émincez les ciboules. Décortiquez les crevettes. Ajoutez ces ingrédients dans le bouillon ainsi que les champignons noirs égouttés. Poursuivez la cuisson à tout petits bouillons encore 5 min, puis servez très chaud dans des bols.

MANGUE ET CONCOMBRE VOLCANIQUES EN SAUCE PERSANE

Pour 4 personnes 🍴 20 min   🕐 1 h de repos

1 saladier
1 poêle
1 bol
1 saladier
Film alimentaire

2 mangues
1/2 concombre
1 citron vert
1 cuil. à soupe de graines de moutarde

1 piment vert
1 piment rouge
1 yaourt grec
50 g de crème épaisse
5 cl de lait de coco
1 branche de menthe
1 pincée de muscade fraîchement râpée
Sel
Poivre de Cayenne

Retirez le noyau des mangues puis pelez-les. Épluchez le concombre, fendez-le en quatre puis éliminez les graines. Taillez la mangue et le concombre en dés. Mettez-les dans un saladier et arrosez-les avec le jus du citron vert.

Faites griller les graines de moutarde pendant quelques secondes à sec dans une poêle. Écrasez-les grossièrement avec le plat de la lame d'un couteau. Fendez les piments et émincez-les après avoir éliminé les graines.

Mélangez le yaourt grec, la crème, le lait de coco, la moitié des graines de moutarde et les piments. Ajoutez quatre feuilles de menthe finement ciselées. Assaisonnez de sel, de poivre et de muscade. Versez cette sauce sur les mangues, mélangez. Couvrez le saladier d'un film étirable et laissez macérer au frais pendant au moins 1 h.

Sortez les mangues à température ambiante 20 min avant de servir. Répartissez-les dans de jolies coupes ou des verres. Saupoudrez le reste des graines de moutarde et décorez de menthe.

LA VENGEANCE
DES AZTÈQUES

Pour 4 personnes ⊙🍴 30 min ⊙🔥 30 min

1 poêle
1 casserole
1 plat à gratin

1 bocal de piments rouges
piquillos à farcir
2 tomates
1 gousse d'ail
1 oignon rouge

1 pincée de cumin
Quelques feuilles de coriandre
1/2 bouillon cube de volaille
50 g de farine de maïs
ou de polenta
100 g de feta
2 cuil. à soupe d'huile
de tournesol
Sel & poivre du moulin

020

Égouttez les piments. Pelez, épépinez et concassez les tomates. Dégermez et hachez l'ail.

Faites revenir l'oignon émincé dans une cuillerée d'huile, sans coloration. Ajoutez l'ail, le cumin, la moitié de la coriandre, ainsi que la moitié des tomates. Laissez mijoter pendant 5 min. Salez, poivrez. Réservez.

Portez 25 cl d'eau salée à ébullition avec le bouillon cube. Versez en pluie la farine de maïs et faites épaissir en mélangeant constamment. Retirez du feu dès l'obtention d'une crème épaisse puis, sans attendre le refroidissement, incorporez le mélange de tomates. Rectifiez l'assaisonnement.

Allumez le four à 210 °C (th. 7). Farcissez les piments avec cette préparation. Placez-les dans un plat et répartissez par-dessus quelques dés de tomates et la feta émiettée. Arrosez d'un filet d'huile. Passez-les au four pendant 20 min. Décorez de coriandre avant de servir.

CAROTTES
PLUS AIGRES
QUE DOUCES

Pour 4 personnes 15 min   20 min + 20 min de macération

1 bol
1 poêle
1 casserole
Film alimentaire

1 cuil. à soupe de miel liquide
1 citron
1 orange

1 cuil. à café de cumin
1/4 de cuil. à café de purée
de piment
1 cuil. à soupe d'huile d'olive
70 g d'amandes grossièrement
hachées
500 g de carottes
Sel

Mélangez le miel, le jus des agrumes, le cumin, le piment, l'huile d'olive et du sel. Couvrez d'un film et laissez reposer 20 min, pour que les arômes se développent.

Dans une poêle, faites griller les amandes. Réservez-les. Pelez les carottes et coupez-les en rondelles.

Versez le mélange aromatique dans une casserole et faites chauffer. Ajoutez les carottes, mélangez pour les enrober. Ajoutez de l'eau juste à la hauteur des légumes. Portez à ébullition, puis baissez le feu et faites mijoter pendant 20 min environ, jusqu'à ce que les carottes soient tendres et que le liquide soit totalement évaporé. Rectifiez l'assaisonnement.

Ajoutez les amandes et répartissez dans des coupes. Ces carottes peuvent se servir froides, en entrée, ou alors chaudes avec des brochettes d'agneau.

GASPACHO FURIBOND

Pour 4 personnes 🕐🍴 15 min la veille 🕐❄ 12 h de réfrigération

1 saladier
1 mixeur
1 soupière

150 g de pain blanc rassis, sans
la croûte
1 piment rouge fort
1 oignon
2 gousses d'ail
1 kg de tomates bien mûres
1/2 concombre
2 cuil. à soupe d'huile d'olive

3 cuil. à soupe de vinaigre
de Xérès
Sel & poivre de Cayenne

Pour accompagner :
1 petit bol de croûtons frits
à l'huile d'olive
1 poivron rouge émincé
2 tomates coupées en dés
4 oignons nouveaux émincés
100 g d'olives noires dénoyautées
et concassées

Arrosez le pain avec un peu d'eau froide. Laissez gonfler la mie pendant 10 min. Pendant ce temps, fendez le piment et débarrassez-le de ses graines, pelez et émincez l'oignon, hachez l'ail, pelez et épépinez les tomates, épluchez le concombre.

Pressez la mie de pain pour extraire l'excédent d'eau. Mettez-la dans le bol d'un mixeur. Ajoutez le piment, l'oignon, l'ail, l'huile, du sel et du poivre. Réduisez le tout en purée.

Intégrez le concombre, les tomates puis le vinaigre et mixez à nouveau pour obtenir une purée assez épaisse. Transvasez-la dans une soupière et laissez-la reposer au réfrigérateur jusqu'au lendemain.

Préparez les garnitures.

Au moment de servir, diluez le gaspacho avec de l'eau glacée pour l'amener à une consistance plus fluide. Présentez les garnitures dans des coupelles, les convives se serviront à leur convenance.

FURIEUSE
SALADE DE BŒUF

Pour 4 personnes ⏱🍴 30 min ⏱🔥 3 min + 2 h de marinade

2 saladiers
1 casserole
1 mortier
1 poêle

Pour la marinade :
10 cl de sauce soja
1 gousse d'ail écrasée
1 bulbe de citronnelle écrasé
Poivre

500 g de filet de bœuf taillé
en très fines lanières
25 g de sucre

1 citron vert
2 piments rouges forts
1 gousse d'ail
20 g de citronnelle
5 cl de nam pla
(ou de nuoc-mâm)
1 oignon nouveau
150 g de chou chinois
12 brins de coriandre
4 brins de menthe
100 g de cacahuètes
150 g de germes de soja
1 cuil. à soupe d'huile d'arachide

024

Mélangez tous les ingrédients de la marinade, ajoutez les lanières de bœuf et laissez macérer pendant 2 h au frais.

Préparez la sauce. Pour cela, faites bouillir 5 cl d'eau avec le sucre jusqu'à dissolution, laissez refroidir. Pelez à vif le citron vert puis prélevez les quartiers en longeant les membranes. Émincez les piments rouges après avoir éliminé leurs graines. Écrasez dans un mortier les piments, l'ail et la citronnelle coupés en petits morceaux avec les quartiers de citron vert. Ajoutez le sirop et le nam pla.

Pelez et coupez l'oignon en fines rouelles. Émincez le chou chinois. Effeuillez la coriandre et la menthe, et ciselez-les grossièrement. Faites griller les cacahuètes à sec dans une poêle jusqu'à légère coloration, laissez-les refroidir et concassez-les. Mêlez le chou chinois, l'oignon, les germes de soja et les herbes. Ajoutez la moitié de la sauce et mélangez bien.

Égouttez le bœuf de sa marinade. Faites-le sauter pendant 2 min à feu vif dans l'huile, retirez du feu. Répartissez la salade sur les assiettes de service. Dressez les lanières de bœuf, puis arrosez du reste de sauce. Parsemez les cacahuètes et servez.

PLATS

ÉPICÉS

MERLANS
EN COLÈRE

Pour 4 personnes 🕐🍴 15 min 🕐🔥 7 min

4 piques en bois
2 assiettes creuses
1 friteuse ou une grande casserole
Papier absorbant

4 merlans vidés par le poissonnier
(mais avec la tête)
2 citrons
1 bouquet de persil
20 cl de lait
100 g de farine
1 l d'huile de friture

Épongez les merlans dans du papier absorbant. Salez l'intérieur. Maintenez la queue des merlans dans leur bouche à l'aide d'une pique en bois.

Coupez les citrons en deux, taillez-les en « dents de loup », avec un petit couteau bien aiguisé ou un petit appareil spécial avec la lame en V. Équeutez le persil et épongez-le soigneusement. Chauffez l'huile de friture à 180 °C. Faites-y frire le persil pendant 5 secondes environ, il doit être croustillant. Égouttez-le sur du papier absorbant, salez et réservez.

Versez le lait dans une assiette et la farine dans une autre. Passez les merlans dans le lait puis dans la farine, secouez pour éliminer l'excédent. Plongez-les aussitôt dans la friture à 180 °C pendant 5 à 6 min. Ils doivent être dorés. Égouttez-les sur du papier absorbant, salez-les et poivrez-les.

Ôtez les piques en bois et dressez les merlans en colère sur le plat de service. Décorez avec le persil frit et le citron.

DAURADE AUX MANGUES, SAUCE ENRAGÉE

Pour 4 personnes ⏱ 40 min ⏱ 30 min

1 saladier - 1 bol
1 plat à rôtir
1 casserole
1 mixeur
Film alimentaire

1 daurade de 1,2 kg, vidée et
écaillée par le poissonnier
1 citron jaune
5 cl de rhum blanc
Huile d'olive
Sel & poivre du moulin

Pour l'accompagnement :
1 oignon rouge épluché

1 poivron vert
1 poivron rouge
1 avocat
1 mangue
1 citron vert
2 cuil à soupe d'huile d'olive

Pour la sauce :
5 tomates - 1/2 citron
1 bouquet de coriandre fraîche
1 cuil. à soupe de sauce chili
5 cl d'huile d'olive
1 cuil. à soupe de vinaigre
de Xérès
1 petit piment vert

Préparez la salade d'accompagnement. Coupez l'oignon en rondelles. Éliminez les graines et les cloisons des poivrons, détaillez-les en fines lanières. Pelez, dénoyautez l'avocat et la mangue, coupez-les en morceaux. Mettez-les dans un saladier avec les poivrons et l'oignon. Salez, poivrez et arrosez du jus du citron vert et de l'huile d'olive. Filmez et laissez mariner au frais 30 min.

Allumez le four à 200 °C (th. 7). Rincez la daurade à l'extérieur et à l'intérieur, puis posez-la dans un plat à rôtir huilé. Salez et poivrez, puis recouvrez de rondelles de citron jaune. Mouillez avec le rhum et versez le reste d'huile en filet. Enfournez pendant 30 min.

Préparez la sauce pimentée. Plongez les tomates incisées en croix dans de l'eau bouillante. Épépinez-les et concassez-les. Effeuillez la coriandre. Mettez ces ingrédients dans le mixeur en réservant une grosse pincée de coriandre. Ajoutez la sauce chili, l'huile, le vinaigre et le jus du citron, mixez jusqu'à obtenir une sauce homogène. Versez dans un bol. Coupez le petit piment vert en fines rouelles. Décorez la sauce avec le piment et les feuilles de coriandre. Servez la dorade à la sortie du four entourée de la salade de fruits et légumes, et de la sauce pimentée.

CALAMARS FOUS
FARCIS AU CHORIZO

Pour 4 personnes 🍴 30 min 🔥 30 min

1 bol
1 poêle
1 saladier
8 piques en bois
1 casserole
1 plat à gratin

8 calamars préparés
par le poissonnier
100 g de chorizo fort
100 g de pain de mie
sans la croûte
5 cl de lait

800 g de tomates
1 oignon
1 gousse d'ail
1 cuil. à soupe de concentré
de tomates
2 petites courgettes
2 cuil. à soupe d'huile
60 g de pignons de pin
1 œuf
5 brins de thym
1 feuille de laurier
Sel & poivre du moulin

032

Rincez l'intérieur des calamars et égouttez-les. Détaillez les tentacules en morceaux. Retirez la peau du chorizo et hachez-le. Faites tremper le pain dans le lait. Pelez et émincez l'oignon ; dégermez et hachez l'ail. Détaillez les courgettes en petits dés. Allumez le four à 200 °C (th. 7).

Faites revenir les tentacules à feu vif dans une cuil. à soupe d'huile. Ajoutez le chorizo. Laissez cuire 3 min sur feu vif. Transvasez dans un saladier. Faites griller les pignons dans une poêle sèche, puis ajoutez-les, ainsi que le pain bien essoré et l'œuf battu. Mélangez. Rectifiez l'assaisonnement. Remplissez les poches des calamars avec cette farce, fermez les ouvertures avec une pique en bois.

Plongez les tomates pendant 1 min dans de l'eau bouillante pour les peler plus facilement, puis concassez-les. Faites revenir l'oignon dans une casserole avec l'huile d'olive restante jusqu'à légère coloration. Ajoutez l'ail puis les tomates et le concentré. Salez et poivrez. Versez cette sauce dans un plat à gratin.

Rangez-y les calamars. Éparpillez autour les dés de courgettes, ajoutez un brin de thym et le laurier, et faites cuire au four pendant 20 min. Dressez deux calamars sur chaque assiette, nappez de sauce et décorez de thym frais. Servez avec du riz.

BROCHETTES AU BOUDIN ANTILLAIS, SAUCE CHIEN MÉCHANT

Pour 4 personnes ⏱🍴 20 min ⏱🔥 5 min

8 brochettes
2 bols
1 casserole
1 gril en fonte, ou un barbecue,
ou le gril du four

Pour les brochettes :
16 petits boudins antillais
1 ananas Victoria
1 poivron vert
1 poivron rouge
2 citrons verts

Pour la sauce :
2 œufs
1 oignon
1 gousse d'ail
1 botte de ciboule
1 bouquet de coriandre
1 piment rouge fort
1 citron
1 cuil. à café de moutarde
2 cuil. à soupe de vinaigre
5 cl d'huile
Sel & poivre du moulin

Faites durcir les œufs pendant 10 min à l'eau bouillante. Refroidissez-les sous l'eau froide, puis écalez-les et séparez les blancs des jaunes. Écrasez les jaunes à travers une passoire fine, hachez les blancs au couteau. Réservez-les.

Épluchez l'oignon et l'ail, puis émincez-les finement. Ciselez les ciboules et la coriandre. Fendez le piment et ôtez-en les graines. Hachez-le finement. Mettez tous ces ingrédients dans un bol avec le jus du citron, puis recouvrez de 15 cl d'eau bouillante. Laissez infuser 10 min.

Mettez la moutarde dans un bol avec le vinaigre et un peu de sel. Versez par-dessus l'huile en filet tout en fouettant. Incorporez les jaunes d'œufs, puis le contenu du bol d'herbes et les blancs hachés. Rectifiez l'assaisonnement et réservez au frais.

Épluchez l'ananas et coupez la chair en morceaux. Coupez la chair des poivrons en morceaux. Taillez les citrons verts en tranches puis en triangles. Enfilez tous ces ingrédients sur les brochettes en les alternant avec les boudins. Faites griller les brochettes pendant 5 min sur un gril bien chaud. Servez avec la sauce.

TRAVERS DE PORC, MOUTARDE QUI MONTE AU NEZ

Pour 4 personnes 🍽 30 min   🕐🔥 40 min

1 mixeur
La grille et la lèchefrite du four
1 casserole
1 poêle

2 kg de travers de porc
1 gousse d'ail
1 oignon
1 citron et 1 orange
50 g de moutarde à l'ancienne
100 g de miel
1 cuil. à soupe d'huile d'olive
Sel & poivre du moulin

Pour la sauce :
5 tomates
1 poivron rouge
2 gousses d'ail
1 tranche de pain
de campagne rassis
50 g d'amandes en poudre
1 cuil. à café de paprika
ou de piment doux en poudre
1 cuil. à soupe de vinaigre
de Xérès
50 g de poivre vert en saumure
4 cuil. à soupe d'huile d'olive

Coupez le travers de porc en morceaux, en longeant les côtes. Mettez dans le bol du mixeur l'ail et l'oignon épluchés, le zeste râpé et le jus des agrumes, la moutarde et le miel, l'huile d'olive, du sel et du poivre. Mixez le tout.

Badigeonnez les morceaux de viande avec cette préparation et posez-les sur une grille. Enfournez au-dessus de la lèchefrite, à environ 20 cm de la source de chaleur. Retournez-les toutes les 10 min, jusqu'à ce que la viande soit caramélisée et croustillante. La cuisson dure environ 40 min.

Pendant la cuisson de la viande, ébouillantez puis pelez les tomates, concassez-les. Retirez les graines et les cloisons du poivron, puis détaillez-le en petits dés. Pelez l'ail, dégermez-le et hachez-le. Coupez en cubes le pain de campagne.

Faites griller les amandes à sec dans une poêle antiadhésive jusqu'à ce qu'elles blondissent, puis versez-les dans le bol du mixeur. Chauffez une cuil. à soupe d'huile dans la même poêle, faites-y revenir l'ail et les croûtons de pain, réservez-les avec les amandes. Dans le reste d'huile, faites cuire 10 min les dés de poivron avec les tomates et le paprika. Ajoutez-les dans le bol du mixeur et réduisez le tout en purée avec le vinaigre de Xérès et une pincée de sel. Versez dans une saucière et ajoutez le poivre vert égoutté. Servez la viande avec la sauce et accompagnez de riz blanc.

IMPÉTUEUX SAUTÉ DE VEAU AUX PIMENTS D'ESPELETTE

Pour 4 personnes ⏱🍴 30 min ⏱🔥 1 h 30

1 cocotte

800 g de veau (tendron, bas de carré)
2 poivrons rouges
2 poivrons jaunes
1 oignon

2 cuil. à soupe de graisse d'oie ou de canard
1 cuil. à café de piment d'Espelette en poudre
1 feuille de laurier
2 gousses d'ail
1 bouquet de persil plat
Sel & poivre du moulin

Coupez le veau en morceaux de 3 ou 4 cm. Retirez les membranes et les graines des poivrons. Coupez-les en morceaux. Pelez et émincez l'oignon.

Faites fondre la graisse d'oie dans une cocotte sur feu vif. Faites-y colorer les morceaux de veau sur toutes leurs faces, puis réservez-les.

Remplacez-les par les oignons, sans les laisser colorer. Remettez le veau dans la cocotte, avec le jus qui a coulé dans le plat. Ajoutez les poivrons, le piment d'Espelette, le laurier. Salez, poivrez. Couvrez la cocotte et laissez mijoter 1 h 15 à feu doux.

Pendant ce temps, pelez et hachez l'ail dégermé, ciselez grossièrement le persil, mêlez les deux hachis. Ajoutez-les dans la cocotte 5 min avant la fin de la cuisson. Rectifiez éventuellement l'assaisonnement. Disposez les morceaux de veau avec les poivrons dans un plat. Arrosez du jus de cuisson et servez.

FOUGUEUX POULET JAMAÏCAIN

Pour 4 personnes 🕐🍴 20 min 🕐🔥 45 min

1 cocotte
1 bol

1 poulet
2 gros oignons
2 gousses d'ail
1 poivron rouge
4 piments rouges

3 citrons verts
2 cuil. à soupe d'huile
2 cuil. à soupe de sauce soja
1 cuil. à café de paprika
Tabasco
500 g de riz à grains longs
60 cl de bouillon de volaille
Sel & poivre du moulin

Coupez le poulet cru en morceaux. Pelez et émincez les oignons, hachez l'ail, taillez la chair du poivron en fines lamelles. Épépinez les piments et émincez-les finement. Râpez le zeste d'un citron vert puis pressez-le.

Chauffez l'huile dans la cocotte. Faites-y dorer les morceaux de poulet sur toutes leurs faces. Prélevez-les et réservez-les. Dégraissez le jus dans la cocotte et ajoutez l'ail, les oignons, le poivron et les piments. Laissez cuire pendant 5 min en remuant.

Mélangez dans un bol le zeste et le jus de citron vert, la sauce soja, le paprika, le sel et le poivre, et entre quatre et dix gouttes de Tabasco, selon votre degré de colère. Versez ce mélange dans la cocotte. Réintégrez les morceaux de poulet, couvrez et laissez cuire pendant 15 min à feu doux.

Versez le riz dans la cocotte puis mouillez avec le bouillon de volaille bouillant. Poursuivez la cuisson encore 15 min à couvert et à feu doux, jusqu'à ce que le riz ait absorbé le liquide. Décorez le plat avec le reste des citrons coupés en rondelles.

PENNE ALL'ARRABIATA

Pour 4 personnes ⏱🍴 15 min ⏱🔥 15 min

1 casserole
1 poêle

400 g de penne rigate
2 gousses d'ail
1 piment rouge fort

2 tranches de pancetta
6 cuil. à soupe d'huile d'olive
400 g de pulpe de tomate
Quelques brins de basilic
Sel

Faites cuire les pâtes à l'eau bouillante salée selon les indications de l'emballage.

Pelez les gousses d'ail et laissez-les entières. Fendez le piment, retirez les graines, puis émincez-le. Hachez finement la pancetta.

Pendant ce temps, chauffez l'huile dans une poêle à feu moyen. Ajoutez les gousses d'ail et le piment. Lorsque l'ail est doré, retirez-le et remplacez-le par la pancetta. Laissez cuire 2 min en remuant. Ajoutez la pulpe de tomates, mélangez, baissez le feu et laissez mijoter 5 min.

Lorsque les pâtes sont al dente, égouttez-les et transférez-les dans la poêle. Laissez-les s'imbiber de la sauce en remuant 2 min. Parsemez du basilic ciselé et servez.

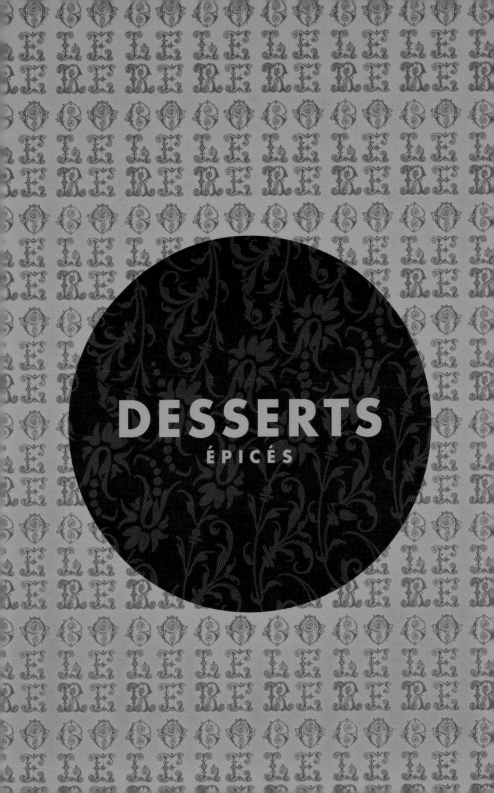

DESSERTS

ÉPICÉS

LES RAISINS
DE LA COLÈRE

Pour 6 personnes 🍴 20 min   🔥 15 min

1 épingle
1 casserole
1 plat creux

1 kg de grains de raisin

25 cl de muscat de Rivesaltes
300 g de sucre
1 pincée de 4 épices
1 pincée de piment de Cayenne
Le jus d'1 citron

Lavez le raisin, égrenez-le et piquez chaque grain de trois coups d'épingle. Mettez-le dans une casserole avec le muscat, 100 g de sucre et les épices. Couvrez d'eau juste à hauteur des fruits et portez sur feu vif. Laissez bouillir pendant 3 min, puis retirez du feu, couvrez et laissez infuser pendant 5 min.

Retirez les grains de raisin avec une écumoire, laissez-les refroidir puis placez-les au réfrigérateur. Faites réduire le jus de cuisson jusqu'à ce qu'il n'en reste que 15 cl. Retirez les épices.

Peu de temps avant de servir, versez dans une casserole le reste de sucre, le jus de citron et la moitié du sirop. Chauffez doucement jusqu'à dissolution du sucre, puis montez le feu et laissez cuire à gros bouillons. Dès que la coloration du caramel commence sur les bords, agitez la casserole pour la répartir. Versez en deux fois le sirop restant en prenant garde aux projections brûlantes. Remuez avec une spatule jusqu'à ce que le caramel soit bien homogène.

Versez le caramel en filet sur les grains de raisin bien froids : il durcit aussitôt en dessinant des fils. Dégustez sans attendre car le caramel perd son croquant en quelques heures.

SOUPE DE FRUITS MOINS ANGE QUE DÉMON

Pour 4 personnes ⏲ 15 min ⏱ 15 min

1 grande casserole
1 saladier ou compotier

1 pomelo
1 orange
1 poire
1 pêche
4 reines-claudes
2 figues fraîches
1 grappe de raisin noir
8 litchis

1 gousse de vanille
40 g de gingembre frais
1 bouteille de pineau
des Charentes blanc
5 cl de sirop de sucre de canne
10 cl de jus d'orange
Le jus d'1 citron
1 piment rouge frais
10 grains de poivre noir
1 bâton de cannelle

Pelez les agrumes à vif, épluchez la poire et la pêche. Coupez-les en quartiers et conservez les raisins en petites grappes. Coupez les figues en deux. Pelez les litchis.

Fendez la vanille dans sa longueur, épluchez le gingembre et taillez-le en bâtonnets. Laissez le piment entier.

Dans une grande casserole, mélangez le vin, le sirop de sucre de canne, les jus d'orange et de citron avec toutes les épices. Portez à ébullition, ajoutez les quartiers de poire et couvrez. Laissez cuire 5 min après la reprise de l'ébullition. Complétez par les pêches et les figues. Attendez encore 5 min avant d'ajouter les prunes, les litchis et le raisin.

Laissez frémir encore 5 min, jusqu'à ce qu'une lame puisse s'enfoncer jusqu'au cœur des poires sans résistance. Ajoutez les agrumes hors du feu et laissez refroidir les fruits dans le sirop. Transvasez dans un saladier et servez bien frais.

CARPACCIO D'ANANAS AU RHUM ENRAGÉ

Pour 4 personnes ⏱🍴 15 min 🕐 24 h de macération

1 boîte hermétique
1 grand plat creux

1 gousse de vanille
20 g de gingembre frais
1 citron vert

1 citron jaune
10 cl de rhum blanc
10 cl de sirop de canne
10 à 20 gouttes de Tabasco
2 ananas Victoria
Des feuilles de menthe

Fendez la gousse de vanille dans la longueur et raclez les graines. Râpez le gingembre. Prélevez le zeste des citrons sans prendre la partie blanche. Mettez tous ces ingrédients avec le rhum dans une boîte hermétique, fermez et laissez macérer au moins 24 h.

Pressez le jus des deux citrons. Filtrez le rhum. Ajoutez-y le sirop de sucre de canne, le jus des citrons et le Tabasco, que vous doserez selon votre degré de colère.

Épluchez les ananas Victoria, coupez-les en fines tranches et disposez-les dans un grand plat creux. Versez le rhum et laissez macérer au moins 1 h à température ambiante.

Décorez le plat avec les morceaux de la gousse de vanille et des feuilles de menthe ciselée.

CASSE-MUSEAUX AUX AMANDES, MAIS AMÈRES

Pour une cinquantaine de pièces 15 min 45 min

2 saladiers
1 plaque de cuisson
Papier sulfurisé

200 g de farine
150 g d'amandes entières, avec
la peau
50 g d'amandes en poudre
5 g de levure chimique

1 pincée de sel
2 œufs
50 g de beurre très mou
150 g de sucre semoule
100 g de sucre glace
1/4 de cuil. à café
d'extrait de vanille
1 goutte d'huile essentielle
d'amande amère

Préchauffez le four à 220 °C (th. 7). Tapissez une plaque de cuisson avec du papier sulfurisé.

Mélangez la farine, les amandes entières et en poudre, la levure et le sel. Dans un autre récipient, battez le beurre mou avec les deux sucres, la vanille et l'essence d'amande amère, jusqu'à obtenir une consistance de crème onctueuse. Cassez les œufs dans la préparation et incorporez-les. Ajoutez enfin le mélange de farine et d'amandes.

Façonnez cette pâte en deux ou trois baguettes d'une largeur de deux doigts, avec vos mains farinées. Placez les baguettes sur la plaque. Faites cuire au milieu du four pendant 15 min. Sortez la plaque du four.

Baissez le thermostat à 150 °C (th. 5). Coupez les gâteaux en tranches de 1,5 cm d'épaisseur et remettez-les sur la plaque. Terminez de faire sécher les biscuits pendant 30 min. Laissez refroidir avant de les placer dans des boîtes en fer. Ils se conservent très longtemps, si toutefois on résiste à les manger immédiatement !

CRÈME RENVERSÉE DE COLÈRE

Pour 6 personnes 🍴 15 min ⏱ 1 h

6 ramequins (de 15 cl)
1 casserole
1 passoire

75 cl de lait entier

1 gousse de vanille
1 cuil. à café de poivre
de Sichuan
225 g de sucre
4 œufs entiers + 3 jaunes

Portez le lait à ébullition avec la gousse de vanille fendue dans la longueur et le poivre. Laissez infuser 15 min, puis filtrez le lait. Allumez le four à 120 °C (th. 4).

052

Mettez 100 g de sucre dans une casserole sur feu vif. Dès que les bords commencent à caraméliser, mélangez avec une cuillère en bois jusqu'à ce que la couleur soit celle d'un caramel ambré. Répartissez ce caramel au fond de six ramequins.

Fouettez les œufs entiers et les jaunes avec le sucre restant. Versez le lait chaud tout en mélangeant. Répartissez dans les ramequins et placez ces derniers dans un plat à gratin. Versez de l'eau chaude à mi-hauteur.

Glissez le plat dans le four et laissez cuire jusqu'à ce que les crèmes soient fermes, mais la surface encore tremblotante sous le doigt. Éteignez alors le four et laissez refroidir les crèmes dedans. Placez-les ensuite au moins 2 h au frais. Passez la lame d'un couteau le long du bord des ramequins pour décoller les crèmes et retournez-les sur l'assiette de service.

INFERNALE
TARTE TATIN

Pour 4 personnes 🕐🍴 30 min   🕐🔥 1 h

1 moule à manqué en métal
1 mixeur
1 plat
Papier d'aluminium

1 poivron rouge

130 g de sucre en poudre
Tabasco
1 kg de pêches de vigne
(à chair rouge)
50 g de beurre
1 pâte brisée

Préchauffez le four à 220 °C (th. 7). Placez le poivron sur la grille et laissez-le cuire jusqu'à ce que la peau noircisse et se boursoufle. Enfermez-le dans un papier d'aluminium et attendez 10 min avant de le peler. Mixez-le ensuite avec 30 g de sucre et 5 à 10 gouttes de Tabasco. Baissez le four à 180 °C (th. 6).

Épluchez les pêches et coupez-les en deux. Étalez 100 g de sucre dans le fond d'un moule à manqué. Placez sur feu vif et attendez que le sucre commence à colorer, puis mélangez à la cuillère en bois pour homogénéiser la couleur. Quand elle est bien ambrée, ajoutez 50 g de beurre et mélangez sur le feu jusqu'à obtenir un caramel homogène.

Serrez les demi-pêches les unes contre les autres dans le moule, la face creuse vers le haut. Remplissez le creux de chaque pêche avec une cuil. à café de purée de poivron. Recouvrez les pêches avec la pâte brisée. Faites glisser les bords vers l'intérieur à l'aide du manche d'une cuillère en bois.

Faites cuire au centre du four pendant 30 min, jusqu'à ce que la pâte soit bien dorée. Démoulez la tarte dès sa sortie du four : posez un grand plat sur le moule et retournez l'ensemble, puis soulevez doucement le moule. Servez tiède, accompagné d'une jatte de crème fraîche.

TARTE CHOCOLAT, QUI S'Y FROTTE S'Y PIQUE

Pour 6 personnes 🍴 40 min 🔥 20 min + 1 h de repos

1 rouleau à pâtisserie
1 tourtière de 24 cm
1 casserole - 1 saladier
500 g de haricots secs

Pour la pâte :
180 g de beurre mou
120 g de sucre glace
40 g de poudre d'amandes
1 œuf entier + 1 jaune
300 g de farine - sel

Pour la crème :
200 g de chocolat noir
25 cl de crème liquide
1/2 cuil. à café de gingembre
en poudre - 20 g de beurre
80 g de gingembre confit

Pour la nougatine :
200 g de noisettes hachées
250 g de sucre
1/4 de cuil. à café de Tabasco
1 cuil. à soupe de vinaigre

056

Pour la pâte, travaillez le beurre et le sucre en pommade. Ajoutez la poudre d'amandes, l'œuf et le jaune, le sel, puis la farine. Pétrissez jusqu'à ce que ce soit homogène. Faites une boule, enveloppez-la d'un film. Laissez reposer 1 h à température ambiante. Allumez le four à 180 °C (th. 6). Étalez la pâte et garnissez une tourtière de 24 cm. Piquez-la régulièrement avec une fourchette. Placez dans le fond un rond de papier sulfurisé et remplissez de haricots secs. Faites cuire au centre du four pendant 15 min, puis retirez le lest et remettez 5 min au four pour faire dorer le fond. Démoulez sur une grille et laissez refroidir.

Hachez le chocolat. Portez la crème à ébullition. Versez-la bouillante sur le chocolat, en trois fois, en mélangeant bien. Incorporez le beurre et le gingembre en poudre. Hachez le gingembre confit et saupoudrez-en le fond de tarte. Versez la ganache encore chaude et laissez refroidir à température ambiante jusqu'à ce qu'elle se fige. Étalez les noisettes sur une plaque et faites-les griller quelques minutes sous le gril du four en les remuant souvent. Dans une casserole, versez le sucre mouillé de Tabasco et de vinaigre. Portez sur feu vif jusqu'à obtenir un caramel blond soutenu. Retirez aussitôt du feu et ajoutez les noisettes encore tièdes. Mélangez sur feu doux, puis étalez sur une plaque doublée d'un papier sulfurisé. Avec un couteau pointu, dessinez des formes triangulaires sur la nougatine encore tendre. Quand cette dernière a durci, décollez le papier et cassez les formes. Vous les piquerez dans la tarte au moment de servir.

GÂTEAU IVRE DE COLÈRE

Pour 6 personnes ⊙▯ 45 min   ⊙▮ 45 min à préparer la veille

1 plaque de cuisson
Papier sulfurisé
1 cercle de 22 cm
2 casseroles
1 saladier - 1 fouet
1 passoire fine

Pour le biscuit :
115 g de noisettes en poudre
70 g de sucre glace
3 blancs d'œufs
15 g de sucre

Pour la garniture :
3 poires pelées - 150 g de sucre
1 bouteille de vin rouge
5 grains de poivre
5 baies de genièvre
1 piment rouge séché
1 éclat d'étoile de badiane
1 petit bâton de cannelle
4 feuilles de gélatine
25 cl de lait - 3 jaunes d'œufs
20 cl de crème liquide très froide
5 cl d'eau-de-vie de poire

Allumez le four à 180 °C (th. 6). Mêlez les noisettes et le sucre glace. Montez les blancs d'œufs en neige ferme puis ajoutez le sucre. Incorporez délicatement les noisettes. Étalez sur une plaque de cuisson doublée d'un papier sulfurisé, sur 2 cm d'épaisseur. Enfournez 20 min. Laissez refroidir sur une grille. Faites cuire les poires avec 100 g de sucre, les épices et le vin rouge 15 min à frémissement. Laissez-les refroidir dans le sirop. Égouttez-les. Réservez une demi-poire. Coupez les autres en dés.

Faites tremper deux feuilles de gélatine dans de l'eau froide. Chauffez le lait. Fouettez les jaunes d'œufs avec 50 g de sucre jusqu'à ce qu'ils blanchissent. Délayez avec un peu de lait chaud, puis versez le tout dans la casserole et faites épaissir à feu doux en remuant. Retirez du feu dès que la crème nappe la cuillère. Essorez la gélatine et incorporez-la à la crème chaude. Laissez refroidir avant d'introduire la crème liquide fouettée.

Coupez un rond de 22 cm dans le biscuit. Placez-le dans un cercle. Recouvrez de dés de poires, puis de mousse jusqu'à 1 cm en-dessous du bord. Faites prendre 2 h au frais. Portez le vin avec les épices à ébullition et faites réduire des deux tiers. Filtrez-le. Faites tremper le reste de gélatine dans de l'eau froide, essorez-la et faites-la dissoudre dans le vin chaud. Ajoutez l'eau-de-vie. Versez le vin complètement refroidi sur le gâteau et remettez au frais jusqu'au lendemain. Démoulez le gâteau et décorez-le avec des lamelles de poire, des épices et de petits piments rouges.

INDEX